Alle Rechte der Verbreitung, auch durch Film, Funk und Fernsehen, fotomechanische Wiedergabe, Tonträger, elektronische Datenträger und auszugsweisen Nachdruck, sind vorbehalten.

Für den Inhalt und die Korrektur zeichnet der Autor verantwortlich.

© 2024 united p.c. Verlag

Gedruckt in der Europäischen Union auf umweltfreundlichem, chlor- und säurefrei gebleichtem Papier.

www.united-pc.eu

Regina Schwarz

Meine kleine vegane Welt

Alle Rechte der Verbreitung, auch durch Film, Funk und Fernsehen, fotomechanische Wiedergabe, Tonträger, elektronische Datenträger und auszugsweisen Nachdruck, sind vorbehalten.

Für den Inhalt und die Korrektur zeichnet der Autor verantwortlich.

© united p. c. Verlag

Gedruckt in der Europäischen Union auf umweltfreundlichem, chlor- und säurefrei gebleichtem Papier.

www.united-pc.eu

Veganer „Eiersalat" ohne Ei

Zutaten

½ Dose Kichererbsen

2 EL Sojajogurt

1 EL veg. Mayonaise

1 TL Hefeflocken

1 Msp. Räuchersalz

150g Mi-Nudeln

2 – 3 Stängel Dill und Petersilie

Salz und Pfeffer

Zubereitung

Kichererbsen, Jogurt, Mayonnaise, Hefeflocken und Rauchsalz in einen Mixer geben und alles ganz fein pürieren.

Die Mi-Nudeln mit kochendem Wasser übergießen und ziehen lassen, bis sie weich sind. Danach abkühlen lassen. Dill und Petersilie fein hacken. Ebenfalls die erkalteten Nudeln in kleine Stücke schneiden und danach alles zusammen zu einem Salat vermengen.

Eventuell noch mit Salz und Pfeffer nachwürzen.

Bitte im Kühlschrank aufbewahren.
Schmeckt wunderbar auf frischem Brötchen oder Brot!

Patisson mit Tofu in Kokos Sahne

Zutaten

1-2 Patisson

1 Natur-Tofu

1 Zwiebel

1 Knoblauchzehe

½ Dose Kokosmilch

Salz und Pfeffer

Zubereitung

Zwiebeln kleingeschnitten mit Rapsöl in die Pfanne geben. Den Knoblauch ebenfalls ganz klein schneiden und dazu tun.

Die Patisson schälen, es sei denn sie ist ganz frisch geerntet, dann könnte die Schale dran bleiben. Die Patisson halbieren und mit einem Löffel das Kerngehäuse entnehmen.

Anschließend in dünne Streifen oder auch Würfel schneiden und mit in die Pfanne geben. Eine kleine Tasse Wasser dazu, mit Salz und Pfeffer bestreuen. Deckel drauf und mindestens 20 Minuten köcheln lassen.

Zum Schluss die Kokosmilch unterrühren.

Es passen Reis, Couscous oder auch Kartoffeln dazu.

Vor dem Servieren etwas Petersilie darüber streuen!

Patisson- oder Kürbissuppe

Zutaten

2 große Patissons oder Hokkaido-Kürbis

1-2 Kartoffeln

½ l Wasser

1 EL gekörnte Gemüsebrühe

2 EL Kokosmilch

Zubereitung

Patisson oder Kürbis waschen und halbieren.

Anschließend die Kerne entfernen.

Das Gemüse in Stücken schneiden und in einen Topf geben. Die Kartoffeln ebenfalls waschen und kleingeschnitten mit dazutun.

Das Brühpulver im Wasser auflösen und damit alles übergießen und ganz weich kochen.

Nun mit einem Mixstab alles fein pürieren und die Kokosmilch dazu geben.

Mit feingehackter Petersilie dekorieren.

Puffer von Gemüse
(Kürbis, Zucchini oder Patisson)

Zutaten

1 Kürbis (Zucchini oder Patisson)

2 EL Sojaquark

2 EL Dinkelmehl

½ TL Salz

1 Prise Zucker

Rapsöl zum Braten

Zubereitung

Kürbis waschen und halbieren, das Kerngehäuse entnehmen und die beiden Hälften fein raspeln. In eine Schüssel geben. Die restlichen Zutaten dazu geben und alles zusammen vermengen.
Das Öl in einer Pfanne erhitzen und dann mit einer kleinen Kelle kleine Häufchen in das heiße Öl setzen. Die Puffer von beiden Seiten schön goldgelb braten.

Man kann die Puffer herzhaft (z.B. mit veg. Räucherlachs) als auch mit Zucker und Apfelmus verzehren!

Linsenaufstrich

Zutaten

150g getrocknete Rote Linsen

1 Zwiebel

3 TL Rapsöl

½ TL Curcuma

½ TL Paprika

Salz und Pfeffer

1 Knoblauchzehe

1 TL veg. Sahne

Zubereitung

Linsen waschen, mit kochenden Wasser übergießen und für 15 Minuten ziehen lassen. Danach abgießen und in eine Schüssel legen. Zwiebel schälen und klein hacken. Knoblauchzehe schälen und pressen oder kleinhacken. Alle Teile zu den Linsen geben und und mit einem Mixstab oder Küchenmaschine fein pürieren.

Man könnte auch noch frische Kräuter dazu geben, doch die Haltbarkeit liegt dann maximal bei 1 - 2 Tagen. Besser danach das Brot mit Kräutern garnieren!

Veganer Frischkäseaufstrich mit Wildkräutern

Zutaten

1 gekauften veg. Frischkäse natur

1 Tasse Soja-Milch oder Reismilch

½ TL Rapsöl

1 handvoll frische Wildkräuter

(z.B. Löwenzahn,Brennnessel oder wilde Möhre)

½ TL Salz

Pfeffer und Currypulver

Zubereitung

Den Frischkäse mit der Sojamilch kräftig verrühren. Wildkräuter waschen und hacken. Es kann ruhig etwas grob sein.
Alle anderen Zutaten jetzt dazu geben und gut vermischen.

Ein schöner frischer Brot- oder Brötchenaufstrich!

Veganer Lachs
auch Karottenlachs genannt

Zutaten

1 kleine Flasche Leinöl

1 EL Sojasoße

3 große Karotten

Rauchsalz

½ Sushi-Nori-Blatt

½ Biozitrone

Zubereitung

Karotten waschen und schälen. Anschließend weiter mit dem Schäler in lange Streifen schneiden. In einen Topf mit kochendem Wasser legen und für ca. 10 Minuten köcheln lassen. Kalt abspülen und in eine Schüssel geben.

Etwas Rauchsalz darüber geben.

Sojasoße und Rapsöl darüber gießen. Das Nori-Blatt ganz klein schneiden und ebenfalls darüber streuen. Mit zwei Löffeln vorsichtig alles unterheben.

Abrieb von einer Hälfte der Zitrone mit dazugeben.

Mindestens 12 Stunden abgedeckt im Kühlschrank ziehen lassen!

Vegane Salami

Zutaten

6 EL   Seitanpulver

7 EL   Haferflocken

1 Tube Tomatenmark

2 EL   Sojasosse

2 EL   Senfkörner

1 TL   Salz

1 TL   Rauchsalz

1 Prise Zucker

½ Tasse Wasser

je 1 TL   Thymian, Majoran, Curry

etwas Rapsöl

Zubereitung

Alle trockenen Zutaten in einer Schüssel gut miteinander verarbeiten. Anschließend das Tomatenmark und das Wasser dazu geben. Mit den Händen 7 - 8 Min kräftig durchkneten. Eventuell noch einen Schluck Wasser dazugeben.

Die gesamte Menge nun für 30 Min ruhen lassen, denn die Hafer-flocken müssen quellen.

2 - 3 Rollen aus der Teigmasse formen. Alufolie mit Öl bestreichen. Jeweils 1 Rolle fest einwickeln und an den Rändern fest zu drücken.

Die „Würste" in eine Backform legen und für 40 Min im Ofen bei 180°C Umluft backen.

Nach der Backzeit sofort aus der Folie entfernen und abkühlen lassen.

Im Kühlschrank aufbewahren.

Gefüllte Paprika mit Reis und Tofu

Zutaten

1 rote Tomatenpaprika

1 grüne Tomatenpaprika

3 EL Reis

1 Tofu natur oder geräuchert

1 TL Salz

1 TL Paprikapulver

1 Prise Zucker

2 Dosen Pizzatomaten

veganer Reibekäse

Zubereitung

Paprika waschen, die Kappe abschneiden und die Schoten entkernen. Den Reis wie üblich mit doppelter Menge Wasser halb weich kochen. Tofu in kleine Würfel schneiden und in einer Pfanne braun brutzeln. Reis und Tofu in einer Schüssel vermengen und mit Salz und Paprika würzen.

Die Schoten damit randvoll füllen und mit dem Käse belegen. Die Dosentomaten in einem Topf erhitzen und mit dem Mixer fein pürieren. Mit Salz und Zucker abschmecken. Auf einem Blech die Soße verteilen und die beiden Paprika darauf setzen, im Ofen bei ca. 160°C für ca. 25-30 Min backen.

Mit Reis, Couscous oder Bulgur macht man daraus eine komplette Mahlzeit.

Bratlinge mit Sojaquark

Zutaten

400g Sojaquark

250g Haferflocken

½ Tube Tomatenmark

1 EL Sojasoße

1 TL Paprikapulver süß

1 TL andere Kräuter (z.B. Thymian)

½ TL Rauchsalz

½ TL Salz

etwas Pfeffer

etwas frische Petersilie

Rapsöl zum braten

Zubereitung

Alle Zutaten in eine große Schüssel geben, außer der Petersilie. Mit den Händen oder mit 2 großen Löffeln alles zu einem schönen Teig vermengen. Wenn der Teig zu feucht ist, noch ein paar Haferflocken dazu geben.

Petersilie waschen und zu der Masse geben.

Bratlinge formen und in einer Pfanne mit heißem Öl ringsum schön braun brutzeln

Es ergeben sich 10 - 12 Bratlinge.

Sie schmecken kalt und warm lecker.

Brokkoli–Bratlinge mit Spätzle-Pfanne

Zutaten

1 Brokkolikopf

200g Haferflocken

1 TL Senf

½ TL Salz

2 TL Eiersatz

Rapsöl zum Braten

200g vegane Spätzle

1 Paprikaschote

1 EL Öl

Zubereitung

Den Brokkoli im Mixer zerkleinern. Haferflocken, Eiersatz und Gewürze dazu geben. Alles miteinander vermengen und für 15 - 20 Min aufquellen lassen. Nach Belieben können natürlich auch noch andere Gewürze mit dazu gegeben werden (z.B. Pfeffer oder Paprikapulver).

10 – 12 Bratlinge formen und in einer Pfanne in Öl von allen Seiten knusprig braten. In der Zwischenzeit die Spätzle in Salzwasser für 15 Min kochen.

Die Paprikaschote waschen, entkernen und und kleine Stückchen schneiden und im rohen Zustand unter die Spätzle rühren.

Keine Angst, die Bratlinge werden durch den grünen Brokkoli dunkler als andere Gemüsebratlinge!

Fruchtiger Couscous-Salat

Zutaten

100g Couscous

½ Bd. Petersilie

½ Schlangengurke

1 Fleischtomate

Saft einer Zitrone

1 Scheibe Wassermelone

Salz und Pfeffer

2 EL Olivenöl

Zubereitung

Couscous nach Anleitung zubereiten. Zum Abkühlen zur Seite stellen. Petersilie und Minze waschen, abtrocknen und klein hacken. Die Gurke schälen und in kleine Stücke schneiden. Melone ebenfalls in Stückchen schneiden. Aus Olivenöl, Zitronensaft, Salz und Pfeffer ein Dressing herstellen. Den Couscous mit der Gabel auflockern und
alle Zutaten untermengen.

Für 1 Stunde ziehen lassen und nochmals alles durchrühren.

Grüner Pasta-Salat

Zutaten

130g Gabelspagetti

50g Zuckerschoten

½ rote Paprikaschote

1 Bd. Frühlingszwiebeln

1Bd. Dill

½ Bd. Petersilie (glatt)

2 EL Jogurt

Salz und Pfeffer

2 EL veg. Mayonnaise

Zubereitung

Die Nudeln im Salzwasser gar kochen, abgießen und in eine Schüssel geben. Die Zuckerschoten waschen und die Stielchen abknipsen. Anschließend im Salzwasser für ca. 2 Min blanchieren. Paprika und Frühlingszwiebeln säubern und in kleine Stücke schneiden. Die Kräuter waschen, abtrocknen und fein hacken. Aus dem Jogurt und der Mayonnaise sowie Salz, Pfeffer und einer Prise Zucker ein Dressing herstellen. Paprika, Zwiebeln, Kräuter und das Dressing mit den Nudeln vermengen. Zum Schluss die Zuckerschoten unterheben. Sind sie etwas zu groß, halbieren. Ein bisschen von dem Dressing dazu mit anbieten. Alternativ etwas leicht gesalzenen Jogurt.

Kleine Dinkelbrote mit Kräutern und Körnern (oder mit Bärlauch)

Zutaten

600g   Dinkelmehl

250 ml   lauwarmes Wasser

1 ½   Päckchen Trockenhefe

1 EL Öl (Rapsöl oder auch Olivenöl)

2 EL gehackte Gartenkräuter

Salz

1 EL Chiasamen und Leinsamen

Zubereitung

Mehl, Trockenhefe und Salz vermengen. Mit Wasser, Mehl und Bärlauch-Pesto zu einem schönen glatten Teig verarbeiten, mit einem Tuch abdecken. Für 1 Stunde
am warmen Ort ruhen lassen.
Anschließend den Teig nochmals durchkneten und 10 Min ruhen lassen.
4 gleiche Kugeln formen. Diese auf ein Blech setzen und nochmals für eine halbe Stunde ruhen lassen.
Bei 180°C Umluft ca. 40 – 45 Min backen.

Die kleinen Brote schmecken super zu Suppen und Salaten!

Sojageschnetzeltes mit Champignons

Zutaten

1 Tüte Sojageschnetzeltes

1 Zwiebel

1 rote Paprikaschote

1 Flasche vegane Sahne

2 EL Rapsöl

1 TL Salz und Paprikapulver

Zubereitung

Als erstes am Abend vorher das Sojageschnetzelte in einer Schüssel lauwarmen Wasser einweichen, am nächsten Tag ausdrücken.

In einer Pfanne das Öl erhitzen und die kleingeschnittene Zwiebel im Öl anbraten. Anschließend das ausgedrückte Geschnetzelte mit dazu geben und ebenfalls scharf anbraten. Nun Salz und Paprikapulver dazu geben, umrühren und jetzt die Sahne und einen Schluck Wasser zugießen. Für ca. 20 Min köcheln lassen. Champignons dazu geben und nochmals 10 Min köcheln lassen.

Den Reis wie gewohnt in doppelter Menge Wasser kochen. Die Paprikaschote in dünne Streifen schneiden und als Dekoration nutzen. Wer keinen Reis mag: Es passt ebenfalls auch Kartoffelpüree sehr gut dazu.

Vegane Rouladen

Zutaten

3 EL Seitanpulver

3 EL Kichererbsenmehl

2 EL Hefeflocken

Salz und getrocknete Kräuter

200 ml Gemüsebrühe

50 ml Rotwein

1 EL Sojasoße

1 EL Tomatenmark

2 TL Senf

gewürfelte Zwiebel

gewürfelte Gewürzgurke

200 ml Rotwein

100 ml Wasser

Salz

1 EL Rapsöl

1 EL Tomatenmark

Zubereitung

Seitanpulver, Kichererbsenmehl, Salz, Hefeflocken und Kräuter in einer Schüssel vermischen. Brühe, Rotwein, Sojasoße, Öl, Salz, Kräuter und Tomatenmark in einer extra Schüssel zusammenrühren. Erst ca. 1/3 der Flüssigkeit zu den trockenen Zutaten geben und mit den Händen durchkneten. Ist alles noch zu fest, noch etwas Flüssigkeit hinzufügen. Hier ist ein bisschen Gefühl gefragt. Aus dem „Fleischteig" 4 - 5 Rouladen formen. Mit Senf bestreichen und Zwiebel- und Gurkenwürfeln belegen. Die Rouladen langsam aufrollen und ein bisschen zusammen drücken.
In einer Pfanne mit Rapsöl anbraten und für 40 Min im Ofen bei 170°C backen.
Für die Soße: Alle Zutaten aufkochen, eventuell den restlichen Sud mit dazu nehmen. Etwas köcheln lassen.

Kohlrabi–Reisrouladen

Zutaten

4 große Kohlrabiblätter

80g Reis

150g Tofu

2 EL Rapsöl

Salz und Pfeffer (nach Belieben)

1 TL Sojasoße

½ TL Curry-Pulver

1 Knoblauchzehe

1 Tasse Gemüsebrühe

1 TL Kartoffelstärke

Zubereitung

Kohlrabiblätter waschen und die Stiele herausschneiden.

In kochendem Wasser für ca. 3 Min blanchieren. Den Reis mit 3 facher Menge Wasser kochen, abkühlen lassen und in eine Schüssel geben. Tofu ganz kleinschneiden und in etwas Öl kurz anbraten.

Die erkalteten Kohlrabiblätter flach positionieren und mit der Reis-Tofumenge belegen. Wer möchte, kann Petersilie dazu geben.

Die Blätter schön fest aufrollen und mit Garn oder Holzstäbchen zusammen halten. In einer Pfanne mit heißem Öl rundherum schön braun braten. Die Gemüsebrühe dazu geben und die Soße mit Maisstärke binden.

Veganer „Gulasch"

Zutaten

200g Soja-Brocken

1 geschnürtes Wurzelwerk

200 ml Rotwein

1 Tasse Gemüsebrühe

1 Prise Zucker

1 Zwiebel

2 Zehen Knoblauch

etwas Speisestärke

Zubereitung

Die Soja-Brocken über Nacht in lauwarmem Wasser einweichen. Alles Gemüse vom Wurzelwerk waschen und putzen. In gleich-große Stücke schneiden und mit Rapsöl scharf anbraten. Zwiebel schälen und in Stücken dazugeben. Ebenso die Knoblauchzehen. Anschließend die ausgepressten Soja-Brocken mit in die Pfanne geben. 1 Tasse Gemüsebrühe hinzufügen. Alles abgedeckt für ca. 40 Min köcheln lassen. Danach den Rotwein dazu gießen und nochmals für 10 Min köcheln lassen.

Die Speisestärke mit Wasser anrühren und den Gulasch damit abbinden. Natürlich kann man den Gulasch auch noch mit Paprika oder Curry würzen, ganz wie jeder möchte.

Zu Gulasch passt ja fasst alles, z.B. Klöße, Kartoffeln oder auch Nudeln!

Pizza mit Dinkelmehl
belegt mit Aubergine und Champignons

Zutaten

300g   Dinkelmehl

1 Pck. Backpulver

1 grosse Tasse Hafermilch

1 Prise Salz

1 TL Thymian (getrocknet)

2 EL Rapsöl

1 Aubergine

200g braune Champignons

1 EL Tomatensoße

Salz und Thymian

veganer Reibekäse

Zubereitung

In eine Schüssel Mehl, Backpulver, Salz und Thymian geben und vermengen. Das Rapsöl und die Milch dazu geben und zu einem Teig kneten. Für ca. eine halbe Stunde ruhen lassen.

Aubergine waschen und in kleine Stücke schneiden. Champignons putzen und ebenfalls in etwa gleichgroße Stücke schneiden.

Den Teig auf einem mit Backpapier ausgelegtem Blech ausrollen und mit einem EL Tomatensoße dünn bestreichen. Mit dem Gemüse gleichmäßig belegen und Salz sowie Thymian bestreuen. Als letztes wird der Käse darüber gestreut. Im vorgeheizten Ofen für ca. 35-40 Min backen.

Zum Schluss kann man die Pizza noch mit einzelnen Rucola-Stängeln garnieren.

Grüne Gurken–Pizza

Zutaten

2 frische grüne Gurken

150g veganer Schmand

300g veg. geriebener Käse

Thymian, Oregano, Paprikapulver

Salz und Pfeffer

1 Fertigteig Dinkelmehl

Zubereitung

Gurken waschen und schälen. Bei einer Bio-Gurke kann die Schale dran bleiben. Die Gurke in gleichgroße Stückchen schneiden. Den Schmand mit allen Kräutern, Salz und Pfeffer vermengen und auf dem ausgerollten Teig verteilen.

Anschließend großzügig den Käse darüber streuen. Zum Schluss mit etwas Thymian betreuen.

Reicht für ein großes Backblech und schmeckt sehr frisch!

Süßkartoffel mit Kräuterquark

Zutaten

2 mittelgroße Süßkartoffeln

120g Sojaquark

1 Zwiebel

1 Knoblauchzehe

1 TL gehackte Petersilie

1 TL Tomatenmark

Salz und geräucherte Paprika

Zubereitung

Süßkartoffeln mit Schale im Wasser kochen. Zwiebel und Knoblauch klein hacken, ebenso die Kräuter.

Quark mit etwas Wasser verrühren und alle anderen Zutaten dazugeben.

Die Süßkartoffeln halbieren und jeweils in die Mitte der Kartoffel den Quark platzieren. Eventuell noch mit Petersilie garnieren.

An warmen Tagen ein schönes und auch schnelles Gericht!

Süßkartoffeln – orientalisch gefüllt

Zutaten

2 mittelgroße Süßkartoffeln

1 Glas gegrillte Paprika

2 EL Couscous

1 Tube Tomatenmark

1 TL geräucherte Paprika

1 TL orientalisches Gewürz (1000 und eine Nacht)

1 Dose Pizzatomaten

Sojaquark

Salz und Petersilie

Zubereitung

Süßkartoffeln im Wasser mit der Schale kochen.

Couscous mit der 3-fachen Menge heißem Wasser aufquellen lassen. Paprika, Tomatenmark und Pizzatomaten mit einem Mixer pürieren. Geräucherte Paprika und das orientalische Gewürz dazu geben. Salz und Petersilie hinzufügen. Mit dem Couscous vermengen.

Die gekochten Süßkartoffeln auf einem Teller für längs aufschneiden. Mit der Couscous-Masse füllen und
einem Klecks Sojaquark sowie Petersilie garnieren.

Pro Person 1 Kartoffel und eventuell noch ein wenig Quark dazustellen.

Gefüllter Hokkaido-Kürbis mit veganem Mett

Zutaten

1 mittelgroßer Hokaido

200g veganes Mett

1 EL Semmelmehl (Vollkorn)

1 EL Sojaquark

1 Zwiebel

1 Knoblauchzehe

2 EL veganer Reibekäse

Salz, Pfeffer und Paprikapulver

Rapsöl zum Braten

Zubereitung

Kürbis waschen und halbieren, das Kerngehäuse entfernen. Alle angegebenen Zutaten vermengen und jeweils die beiden Kürbishälften damit füllen. Mit etwas Öl bestreichen und Käse bestreuen.
Bei 180°C Umluft ca. 45 Min backen.

Als Beilage eignen sich alle frischen Salate oder Baguette!

Gefüllter Hokkaido-Kürbis
mit Feta und Kräutern

Zutaten

1 mittelgroßer Hokkaido-Kürbis

200g Reis

200g veganer Feta

2 EL Kräuter (z.B. Schnittlauch, Petersilie und Dill)

2 TL Salz

1 TL geräuchertes Paprikapulver

2 Knoblauchzehen

ein wenig Rapsöl

Zubereitung

Reis mit 300 ml Wasser kochen, abgießen und in einer Schüssel abkühlen lassen. Den Feta in kleine Würfel schneiden und die Kräuter klein hacken. Knoblauch in einer Presse durch quetschen oder ganz klein zerhacken.
Jetzt in einer Schüssel den Reis und sämtliche vorbereitete Zutaten geben und alles gut vermengen.
Den Kürbis waschen, halbieren und entkernen. Die beiden Kürbishälften mit etwas Öl bestreichen und leicht salzen.
Die gesamte Reisfüllung gleichmäßig auf die Hälften verteilen.
Auf eine Auflaufform oder ein Blech mit 200 ml Wasser setzen. Im Ofen bei 180 Grad Umluft für ca. 1 Stunde backen.
Mit einem Holzstäbchen prüfen, ob er gar ist. Etwas frischen grünen Salat dazu - perfekt!

Ofengemüse in Tomatensauce

Zutaten

1 Zucchini

1 Aubergine

1 - 2 rote Paprika

1 Dose Pizzatomaten

4 EL Tomatenketchup

2 EL Tomatenmark

Salz und Pfeffer

1 TL Paprikapulver süß

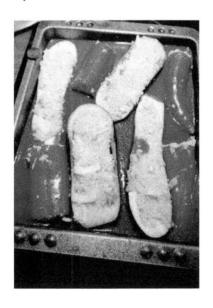

Zubereitung

Gemüse waschen und halbieren bei der Zucchini und Aubergine die Kernchen entfernen. Die Paprikaschoten ebenfalls entkernen. Die Pizzatomaten aus der Dose in einen Topf geben. Hinzu kommen der Ketchup und das Tomatenmark sowie alle angegebenen Gewürze. Einmal aufkochen lassen.
Jetzt die Sauce auf ein Kuchenblech gießen und die Gemüseteile darauf legen.
Bei 150°C Umluft für ca. 20 Min backen.

Zu diesem Gericht kann man Reis oder Couscous reichen oder auch ein schönes knuspriges Baguette.

Vegane Königsberger Klopse

Zutaten

1 Pck. veganes Mett

100g Haferflocken

2 EL Soja-Quark oder Soja-Joghurt

1 TL Salz

1 TL gehackte Petersilie

1 Glas Kapern

1 EL Margarine

1 EL Dinkelmehl (oder auch Weizenmehl)

2 Tassen Wasser

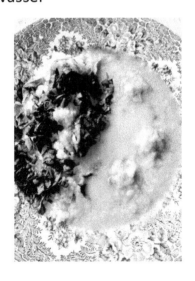

Zubereitung

Das vegane Mett, die Haferflocken und den Soja-Quark in einer Schüssel zu eine Teigmasse verarbeiten. Eventuell einen Schluck Wasser dazu geben. Das Salz und die gehackte Petersilie darunter mengen. Zur Seite stellen und etwas ruhen und quellen lassen.

In der Zwischenzeit die Margarine in einer Pfanne auslassen und mit dem Mehl verbinden, also eine klassische Mehlschwitze zubereiten. Das Wasser dazugeben, aufkochen lassen und auf kleinste Stufe stellen.

Die Mettmasse in kleine Kugeln formen und in die Soße geben und ca. 10-15 Min köcheln lassen.

Zu den Königsberger-Klopsen passt am allerbesten Reis, oder auch Couscous, Bulgur oder Kartoffelpüree!

Aubergine mit Käse überbacken

Zutaten

6 kleine Auberginen

Salz

1 Pck. veganer Reibekäse

Rapsöl oder Sonnenblumenöl

Zubereitung

Auberginen waschen und halbieren. Mit einem Löffel die Kernchen auskratzen und mit Salz und Öl ringsherum einreiben.

Ein Blech ebenfalls mit Öl bestreichen und alle halben Auberginen darauf setzen. Mit dem geriebenen Käse bestreuen.

Für ca. 20 Min im Ofen bei 160°C Umluft überbacken mit gehackter Petersilie bestreuen. Es gehen natürlich auch andere Kräuter.

Schnelle kleine Leckerhappen.
Passen auch gut auf ein Buffet!

Vegane Quarktorte

Zutaten

2 Becher Sojaquark

1 Pck. Vanillepudding

4 EL veganes Eipulver

½ Tasse Hafermilch

Saft einer Zitrone

3 EL Zucker (auch andere Süßungsmittel)

1 Pck. Backpulver

3 EL Rapsöl

Zubereitung

Den Quark in eine Schüssel geben.

Vanillepudding und Eipulver sowie Zucker und Backpulver dazu geben. Mit einem Löffel alles gut vermengen.

Jetzt alle anderen Zutaten in die Schüssel geben und mit einem Mixer alles zu einer cremigen Quarkmasse verrühren.

Für 50 Min bei Umluft im Ofen backen und dann noch 10 Min ruhen lassen bei geöffneter Ofentür.

Die Quarktorte schmeckt im lauwarmen Zustand am allerbesten!

Haferflocken-Bananen-Schoko-Kuchen

Zutaten

250g Haferflocken

200g Wasser

2 reife Bananen

2 EL veganes Eipulver

1 Pck. Backpulver

3 EL Kakao (dunkel)

1 TL Ahornsirup

1 Prise Salz

1 Tafel Bitterschokolade

Zubereitung

Haferflocken, Eipulver, Backpulver und Salz in einer Schüssel zusammen rühren. Die Bananen im Mixer oder mit der Gabel ganz pürieren. Dazu die Hafermilch geben. Den Kakao dazu geben und mit Ahornsirup süßen. Alles vermengen.

Die gesamte Teigmenge in eine gefettete Backform gießen und bei 180°C Umluft 45 Min im Ofen backen.

Schokolade mit einer Prise Salz im Wasserbad schmelzen und den Kuchen damit garnieren.

Lecker und auch für alle mit Gluten-Unverträglichkeit genießbar!

Blätterteig mit Sojapudding gefüllt

Zutaten

1 große Platte Blätterteig (gibt es auch vegan)

¼ l Sojamilch

1 Pck. Vanillepudding

1 TL Eipulver

3 TL Zucker

Zubereitung

Den Pudding nach Anleitung kochen.
Anschließend dann etwas abkühlen lassen. Am besten mit Folie abdecken, damit er keine Haut bildet.

Die Blätterteile auf ein Blech mit Backpapier legen und ruhen lassen. Nun den Pudding der Mitte lang aufteilen und die Teilchen zuklappen. Jetzt kann man mit einer Gabel die Randteile fest andrücken.

Das Eipulver mit etwas Wasser anrühren und die gesamte Rolle damit bestreichen.

Bei 170°C Umluft im vorgeheizten Ofen für ca. 40 Min backen.

1 Tasse Wasser mit in den Ofen stellen.
Der Teig wird dadurch sehr schön blättrig.

Milton Keynes UK
Ingram Content Group UK Ltd.
UKHW032058231124
451423UK00013B/950